# Simple Learning Ages 7 to 9
## Multiplication and Division for Kids

All Rights reserved. No part of this book may be reproduced or used in any way or form or by any means whether electronic or mechanical, this means that you cannot record or photocopy any material ideas or tips that are provided in this book

Copyright 2016

# Single Digit Multiplication

NAME _____

1.)   2   x   5   = _____     5.)   1   x   2   = _____

2.)   3   x   5   = _____     6.)   3   x   2   = _____

3.)   1   x   3   = _____     7.)   8   x   1   = _____

4.)   1   x   2   = _____     8.)   7   x   3   = _____

NAME _____

9.)  6 x 2 = _____    13.)  6 x 5 = _____

10.)  6 x 9 = _____   14.)  3 x 9 = _____

11.)  8 x 6 = _____   15.)  5 x 6 = _____

12.)  6 x 7 = _____   16.)  7 x 5 = _____

NAME _____

17.) 6 x 5 = _____    21.) 1 x 9 = _____

18.) 2 x 1 = _____    22.) 3 x 4 = _____

19.) 7 x 9 = _____    23.) 5 x 1 = _____

20.) 5 x 3 = _____    24.) 9 x 5 = _____

NAME _____

25.) 4 x 2 = _____     29.) 2 x 9 = _____

26.) 9 x 7 = _____     30.) 6 x 9 = _____

27.) 5 x 1 = _____     31.) 5 x 3 = _____

28.) 9 x 6 = _____     32.) 5 x 1 = _____

NAME _____

33.) 8 x 1 = _____     37.) 3 x 1 = _____

34.) 4 x 2 = _____     38.) 5 x 6 = _____

35.) 3 x 8 = _____     39.) 6 x 7 = _____

36.) 4 x 9 = _____     40.) 3 x 4 = _____

NAME _____

41.) 4 x 7 = _____    45.) 4 x 5 = _____

42.) 7 x 2 = _____    46.) 1 x 6 = _____

43.) 7 x 6 = _____    47.) 6 x 9 = _____

44.) 6 x 3 = _____    48.) 9 x 8 = _____

NAME _____

49.) 8 x 8 = _____    53.) 4 x 3 = _____

50.) 8 x 4 = _____    54.) 7 x 6 = _____

51.) 4 x 7 = _____    55.) 2 x 3 = _____

52.) 3 x 8 = _____    56.) 3 x 4 = _____

# Multiplication
# 1 - 20

NAME _____

1.) 10 x 2 = _____
2.) 4 x 9 = _____
3.) 9 x 9 = _____
4.) 6 x 5 = _____
5.) 11 x 3 = _____
6.) 11 x 1 = _____
7.) 7 x 6 = _____
8.) 12 x 5 = _____

NAME _____

9.) 18 x 7 = _____     13.) 14 x 3 = _____

10.) 17 x 7 = _____    14.) 15 x 4 = _____

11.) 14 x 5 = _____    15.) 18 x 4 = _____

12.) 11 x 3 = _____    16.) 19 x 1 = _____

NAME _____

17.) 4 x 8 = _____    21.) 15 x 1 = _____

18.) 18 x 3 = _____   22.) 13 x 2 = _____

19.) 1 x 8 = _____    23.) 2 x 6 = _____

20.) 11 x 6 = _____   24.) 6 x 1 = _____

NAME _____

25.) 9 x 1 = _____      29.) 20 x 5 = _____

26.) 5 x 1 = _____      30.) 7 x 9 = _____

27.) 3 x 2 = _____      31.) 13 x 7 = _____

28.) 1 x 5 = _____      32.) 18 x 6 = _____

NAME _____

33.) 12 x 9 = _____   37.) 18 x 1 = _____

34.) 16 x 2 = _____   38.) 17 x 3 = _____

35.) 19 x 8 = _____   39.) 7 x 4 = _____

36.) 3 x 8 = _____   40.) 1 x 7 = _____

NAME _____

41.) 11 x 6 = _____

42.) 19 x 1 = _____

43.) 2 x 5 = _____

44.) 19 x 5 = _____

45.) 6 x 2 = _____

46.) 8 x 2 = _____

47.) 12 x 6 = _____

48.) 17 x 9 = _____

NAME _____

49.) 5 x 7 = _____     53.) 1 x 7 = _____

50.) 11 x 1 = _____    54.) 16 x 6 = _____

51.) 3 x 5 = _____     55.) 4 x 2 = _____

52.) 16 x 7 = _____    56.) 14 x 6 = _____

# Multiplication 2 Digits by 1 digit

NAME _____

1.)  28  x  1  = _____
2.)  43  x  6  = _____
3.)  39  x  7  = _____
4.)  77  x  2  = _____

5.)  45  x  1  = _____
6.)  18  x  7  = _____
7.)  67  x  4  = _____
8.)  17  x  8  = _____

NAME _____

9.) 58 x 6 = _____    13.) 75 x 4 = _____

10.) 29 x 7 = _____   14.) 40 x 8 = _____

11.) 44 x 3 = _____   15.) 16 x 4 = _____

12.) 77 x 1 = _____   16.) 32 x 3 = _____

NAME _____

17.) 59 x 1 = _____   21.) 12 x 1 = _____

18.) 63 x 5 = _____   22.) 77 x 8 = _____

19.) 29 x 3 = _____   23.) 77 x 5 = _____

20.) 94 x 1 = _____   24.) 88 x 9 = _____

NAME _____

25.) 65 x 6 = _____     29.) 89 x 2 = _____

26.) 44 x 7 = _____     30.) 50 x 9 = _____

27.) 64 x 7 = _____     31.) 43 x 7 = _____

28.) 54 x 8 = _____     32.) 48 x 1 = _____

NAME _____

33.) 68 x 8 = _____     37.) 47 x 4 = _____

34.) 46 x 3 = _____     38.) 39 x 8 = _____

35.) 32 x 2 = _____     39.) 79 x 8 = _____

36.) 32 x 4 = _____     40.) 62 x 1 = _____

NAME _____

41.) 80 x 7 = _____     45.) 70 x 1 = _____

42.) 27 x 7 = _____     46.) 10 x 5 = _____

43.) 94 x 5 = _____     47.) 99 x 5 = _____

44.) 23 x 9 = _____     48.) 72 x 6 = _____

NAME _____

49.) 37 x 3 = _____		53.) 23 x 6 = _____

50.) 53 x 4 = _____		54.) 55 x 1 = _____

51.) 87 x 3 = _____		55.) 61 x 4 = _____

52.) 91 x 2 = _____		56.) 70 x 1 = _____

# DIVISION

NAME _____

1.)   28 ÷ 7 = _____

2.)   16 ÷ 4 = _____

3.)   8 ÷ 8 = _____

4.)   60 ÷ 10 = _____

5.)   9 ÷ 1 = _____

6.)   35 ÷ 5 = _____

7.)   9 ÷ 3 = _____

8.)   48 ÷ 8 = _____

9.)   28 ÷ 4 = _____

10.)  18 ÷ 9 = _____

NAME _____

11.) 24 ÷ 2 = _____   16.) 45 ÷ 5 = _____

12.) 20 ÷ 2 = _____   17.) 60 ÷ 12 = _____

13.) 96 ÷ 12 = _____   18.) 1 ÷ 1 = _____

14.) 33 ÷ 3 = _____   19.) 70 ÷ 7 = _____

15.) 108 ÷ 9 = _____   20.) 50 ÷ 10 = _____

NAME _____

21.)  24 ÷ 12 = _____

22.)  42 ÷ 6 = _____

23.)  88 ÷ 8 = _____

24.)  20 ÷ 2 = _____

25.)  108 ÷ 9 = _____

26.)  28 ÷ 7 = _____

27.)  20 ÷ 10 = _____

28.)  88 ÷ 11 = _____

29.)  2 ÷ 2 = _____

30.)  45 ÷ 5 = _____

NAME _____

31.)  15 ÷ 3 = _____

36.)  15 ÷ 5 = _____

32.)  28 ÷ 7 = _____

37.)  24 ÷ 8 = _____

33.)  90 ÷ 10 = _____

38.)  121 ÷ 11 = _____

34.)  30 ÷ 3 = _____

39.)  5 ÷ 1 = _____

35.)  72 ÷ 12 = _____

40.)  28 ÷ 4 = _____

NAME _____

41.) 36 ÷ 9 = _____

42.) 77 ÷ 11 = _____

43.) 15 ÷ 3 = _____

44.) 45 ÷ 9 = _____

45.) 12 ÷ 6 = _____

46.) 20 ÷ 2 = _____

47.) 110 ÷ 10 _____

48.) 96 ÷ 8 = _____

49.) 72 ÷ 8 = _____

50.) 49 ÷ 7 = _____

NAME _____

51.)   15 ÷ 5 = _____

56.)   44 ÷ 4 = _____

52.)   60 ÷ 10 = _____

57.)   16 ÷ 2 = _____

53.)   44 ÷ 11 = _____

58.)   6 ÷ 1 = _____

54.)   6 ÷ 6 = _____

59.)   6 ÷ 3 = _____

55.)   56 ÷ 7 = _____

60.)   4 ÷ 4 = _____

NAME _____

61.) 77 ÷ 11 = _____

66.) 55 ÷ 11 = _____

62.) 40 ÷ 5 = _____

67.) 120 ÷ 10 _____

63.) 3 ÷ 3 = _____

68.) 16 ÷ 2 = _____

64.) 42 ÷ 6 = _____

69.) 80 ÷ 8 = _____

65.) 18 ÷ 2 = _____

70.) 40 ÷ 8 = _____

NAME _____

71.) 7 ÷ 7 = _____        76.) 8 ÷ 4 = _____

72.) 20 ÷ 10 = _____      77.) 6 ÷ 1 = _____

73.) 36 ÷ 12 = _____      78.) 36 ÷ 3 = _____

74.) 15 ÷ 5 = _____       79.) 66 ÷ 6 = _____

75.) 9 ÷ 1 = _____        80.) 36 ÷ 9 = _____

# ANSWERS

1.) 2 x 5 = 10
2.) 3 x 5 = 15
3.) 1 x 3 = 3
4.) 1 x 2 = 2
5.) 1 x 2 = 2
6.) 3 x 2 = 6
7.) 8 x 1 = 8
8.) 7 x 3 = 21
9.) 6 x 2 = 12
10.) 6 x 9 = 54
11.) 8 x 6 = 48
12.) 6 x 7 = 42
13.) 6 x 5 = 30
14.) 3 x 9 = 27
15.) 5 x 6 = 30
16.) 7 x 5 = 35
17.) 6 x 5 = 30
18.) 2 x 1 = 2
19.) 7 x 9 = 63
20.) 5 x 3 = 15
21.) 1 x 9 = 9
22.) 3 x 4 = 12
23.) 5 x 1 = 5
24.) 9 x 5 = 45
25.) 4 x 2 = 8
26.) 9 x 7 = 63
27.) 5 x 1 = 5
28.) 9 x 6 = 54
29.) 2 x 9 = 18
30.) 6 x 9 = 54
31.) 5 x 3 = 15
32.) 5 x 1 = 5
33.) 8 x 1 = 8
34.) 4 x 2 = 8
35.) 3 x 8 = 24
36.) 4 x 9 = 36
37.) 3 x 1 = 3
38.) 5 x 6 = 30
39.) 6 x 7 = 42
40.) 3 x 4 = 12
41.) 4 x 7 = 28
42.) 7 x 2 = 14
43.) 7 x 6 = 42
44.) 6 x 3 = 18
45.) 4 x 5 = 20
46.) 1 x 6 = 6
47.) 6 x 9 = 54
48.) 9 x 8 = 72
49.) 8 x 8 = 64
50.) 8 x 4 = 32
51.) 4 x 7 = 28
52.) 3 x 8 = 24
53.) 4 x 3 = 12
54.) 7 x 6 = 42
55.) 2 x 3 = 6
56.) 3 x 4 = 12

1.) 10 x 2 = 20
2.) 4 x 9 = 36
3.) 9 x 9 = 81
4.) 6 x 5 = 30
5.) 11 x 3 = 33
6.) 11 x 1 = 11
7.) 7 x 6 = 42
8.) 12 x 5 = 60
9.) 18 x 7 = 126
10.) 17 x 7 = 119
11.) 14 x 5 = 70
12.) 11 x 3 = 33
13.) 14 x 3 = 42
14.) 15 x 4 = 60
15.) 18 x 4 = 72
16.) 19 x 1 = 19
17.) 4 x 8 = 32
18.) 18 x 3 = 54
19.) 1 x 8 = 8
20.) 11 x 6 = 66
21.) 15 x 1 = 15
22.) 13 x 2 = 26
23.) 2 x 6 = 12
24.) 6 x 1 = 6
25.) 9 x 1 = 9
26.) 5 x 1 = 5
27.) 3 x 2 = 6
28.) 1 x 5 = 5
29.) 20 x 5 = 100
30.) 7 x 9 = 63
31.) 13 x 7 = 91
32.) 18 x 6 = 108
33.) 12 x 9 = 108
34.) 16 x 2 = 32
35.) 19 x 8 = 152
36.) 3 x 8 = 24
37.) 18 x 1 = 18
38.) 17 x 3 = 51
39.) 7 x 4 = 28
40.) 1 x 7 = 7
41.) 11 x 6 = 66
42.) 19 x 1 = 19
43.) 2 x 5 = 10
44.) 19 x 5 = 95
45.) 6 x 2 = 12
46.) 8 x 2 = 16
47.) 12 x 6 = 72
48.) 17 x 9 = 153
49.) 5 x 7 = 35
50.) 11 x 1 = 11
51.) 3 x 5 = 15
52.) 16 x 7 = 112
53.) 1 x 7 = 7
54.) 16 x 6 = 96
55.) 4 x 2 = 8
56.) 14 x 6 = 84

| | | | | | | | | |
|---|---|---|---|---|---|---|---|---|
| 1.) | 28 x 1 = 28 | 19.) | 29 x 3 = 87 | 37.) | 47 x 4 = 188 | 55.) | 61 x 4 = 244 |
| 2.) | 43 x 6 = 258 | 20.) | 94 x 1 = 94 | 38.) | 39 x 8 = 312 | 56.) | 70 x 1 = 70 |
| 3.) | 39 x 7 = 273 | 21.) | 12 x 1 = 12 | 39.) | 79 x 8 = 632 | 57.) | 48 x 4 = 192 |
| 4.) | 77 x 2 = 154 | 22.) | 77 x 8 = 616 | 40.) | 62 x 1 = 62 | 58.) | 30 x 8 = 240 |
| 5.) | 45 x 1 = 45 | 23.) | 77 x 5 = 385 | 41.) | 80 x 7 = 560 | 59.) | 21 x 3 = 63 |
| 6.) | 18 x 7 = 126 | 24.) | 88 x 9 = 792 | 42.) | 27 x 7 = 189 | 60.) | 61 x 4 = 244 |
| 7.) | 67 x 4 = 268 | 25.) | 65 x 6 = 390 | 43.) | 94 x 5 = 470 | 61.) | 74 x 3 = 222 |
| 8.) | 17 x 8 = 136 | 26.) | 44 x 7 = 308 | 44.) | 23 x 9 = 207 | 62.) | 93 x 9 = 837 |
| 9.) | 58 x 6 = 348 | 27.) | 64 x 7 = 448 | 45.) | 70 x 1 = 70 | 63.) | 43 x 1 = 43 |
| 10.) | 29 x 7 = 203 | 28.) | 54 x 8 = 432 | 46.) | 10 x 5 = 50 | 64.) | 62 x 6 = 372 |
| 11.) | 44 x 3 = 132 | 29.) | 89 x 2 = 178 | 47.) | 99 x 5 = 495 | 65.) | 98 x 2 = 196 |
| 12.) | 77 x 1 = 77 | 30.) | 50 x 9 = 450 | 48.) | 72 x 6 = 432 | 66.) | 55 x 2 = 110 |
| 13.) | 75 x 4 = 300 | 31.) | 43 x 7 = 301 | 49.) | 37 x 3 = 111 | 67.) | 52 x 8 = 416 |
| 14.) | 40 x 8 = 320 | 32.) | 48 x 1 = 48 | 50.) | 53 x 4 = 212 | 68.) | 41 x 3 = 123 |
| 15.) | 16 x 4 = 64 | 33.) | 68 x 8 = 544 | 51.) | 87 x 3 = 261 | 69.) | 19 x 5 = 95 |
| 16.) | 32 x 3 = 96 | 34.) | 46 x 3 = 138 | 52.) | 91 x 2 = 182 | 70.) | 83 x 2 = 166 |
| 17.) | 59 x 1 = 59 | 35.) | 32 x 2 = 64 | 53.) | 23 x 6 = 138 | 71.) | 98 x 2 = 196 |
| 18.) | 63 x 5 = 315 | 36.) | 32 x 4 = 128 | 54.) | 55 x 1 = 55 | 72.) | 42 x 4 = 168 |

1. 28 ÷ 7 = 4
2. 16 ÷ 4 = 4
3. 8 ÷ 8 = 1
4. 60 ÷ 10 = 6
5. 9 ÷ 1 = 9
6. 35 ÷ 5 = 7
7. 9 ÷ 3 = 3
8. 48 ÷ 8 = 6
9. 28 ÷ 4 = 7
10. 18 ÷ 9 = 2
11. 24 ÷ 2 = 12
12. 20 ÷ 2 = 10
13. 96 ÷ 12 = 8
14. 33 ÷ 3 = 11
15. 108 ÷ 9 = 12
16. 45 ÷ 5 = 9
17. 60 ÷ 12 = 5
18. 1 ÷ 1 = 1
19. 70 ÷ 7 = 10
20. 50 ÷ 10 = 5
21. 24 ÷ 12 = 2
22. 42 ÷ 6 = 7
23. 88 ÷ 8 = 11
24. 20 ÷ 2 = 10
25. 108 ÷ 9 = 12
26. 28 ÷ 7 = 4
27. 20 ÷ 10 = 2
28. 88 ÷ 11 = 8
29. 2 ÷ 2 = 1
30. 45 ÷ 5 = 9
31. 15 ÷ 3 = 5
32. 28 ÷ 7 = 4
33. 90 ÷ 10 = 9
34. 30 ÷ 3 = 10
35. 72 ÷ 12 = 6
36. 15 ÷ 5 = 3
37. 24 ÷ 8 = 3
38. 121 ÷ 11 = 11
39. 5 ÷ 1 = 5
40. 28 ÷ 4 = 7
41. 36 ÷ 9 = 4
42. 77 ÷ 11 = 7
43. 15 ÷ 3 = 5
44. 45 ÷ 9 = 5
45. 12 ÷ 6 = 2
46. 20 ÷ 2 = 10
47. 110 ÷ 10 = 11
48. 96 ÷ 8 = 12
49. 72 ÷ 8 = 9
50. 49 ÷ 7 = 7
51. 15 ÷ 5 = 3
52. 60 ÷ 10 = 6
53. 44 ÷ 11 = 4
54. 6 ÷ 6 = 1
55. 56 ÷ 7 = 8
56. 44 ÷ 4 = 11
57. 16 ÷ 2 = 8
58. 6 ÷ 1 = 6
59. 6 ÷ 3 = 2
60. 4 ÷ 4 = 1
61. 77 ÷ 11 = 7
62. 40 ÷ 5 = 8
63. 3 ÷ 3 = 1
64. 42 ÷ 6 = 7
65. 18 ÷ 2 = 9
66. 55 ÷ 11 = 5
67. 120 ÷ 10 = 12
68. 16 ÷ 2 = 8
69. 80 ÷ 8 = 10
70. 40 ÷ 8 = 5
71. 7 ÷ 7 = 1
72. 20 ÷ 10 = 2
73. 36 ÷ 12 = 3
74. 15 ÷ 5 = 3
75. 9 ÷ 1 = 9
76. 8 ÷ 4 = 2
77. 6 ÷ 1 = 6
78. 36 ÷ 3 = 12
79. 66 ÷ 6 = 11
80. 36 ÷ 9 = 4

www.ingramcontent.com/pod-product-compliance
Lightning Source LLC
Chambersburg PA
CBHW041225040426
42444CB00002B/57